●만년필 한 개로 열 명의 적을 퇴치한다❗

현대 봉술교본

현대레저연구회 편

太乙出版社

첨단과학 시대의 가공할 원시 무기

현대를 첨단과학 시대라고 한다. 그래서인지 모든 일상생활이 기계화되고 문명화되고 있다. 그 중에서도 특히 인간을 위협하는 무기부문에서는 기상천외할 만큼의 많은 발전이 이루어졌다. 핵무기는 물론 스타워즈까지도 계획할 만큼 인간의 지식은 발달되었다.

그러나 이처럼 발달되고 변모해가는 인간의 문명 앞에서도 우리는 왜 가끔 쓸쓸함을 느끼지 않으면 안되는 것일까?

그것은 바로 인간이 만든 문명의 더미 위에서 인간이 스스로 파멸해가는 참극을 맞이하고 있는 어찌할 수 없는 현실 탓이 아닌가 한다.

요즘들어 무도인(武道人)을 비롯한 일반인, 그리고 학생들에 이르기까지 봉술(棒術)에 대한 관심이 드높아져가고 있다. 봉술은 막대기를 이용하여 적을 무찌르는 무술이다. 막대기를 들고 칼이나 창 등의 무기를 가진 적이나 또는 여러명의 적을 상대하여 싸울 수가 있다.

봉술은 지극히 원시적인 무기라고 할 수가 있다. 그러나 첨단과학을 자랑하는 현대에 이르러서도 그 수련자가 늘어나고 있는 것은 봉술만이 갖는 뛰어난 특성 때문이다.

옛날에는 농촌에서 주로 애국 청년들이 봉술을 익히면서 심신을 단련해 왔다.

그러다가 요즘에 이르러 다시금 전국 각지에서 많은 사람들이 봉술에 관심을 갖고 심신 단련의 일환으로 봉술을 익히는 경우가 많아지게 되었다.

봉술의 무술가치는 사실 대단하다. 그 숙련도에 따라서는 능히 칼과 창을 능가한다. 그러면서도 칼과 창처럼 잔혹성을 띄지 않는 무예인 것이다.

이 책은 아직 봉술에 접해본 적이 없는 독자들을 위하여 만들어진 봉술 입문서이다. 기초부터 상당한 수준에 이르기까지 많은 기술을 익힐 수 있을 것이다.

아울러 그 기술을 익혀두면 능히 호신술로도 사용할 수 있고, 또한 일상의 스트레스에 쌓인 현대인의 피로를 풀어주는데에도 한몫 단단히 할 수 있는 봉술을 널리 권하는 바이다.

편 자 씀.

BOJUTSU

현대 봉술(棒術)교본/**차례**

제1장 / 봉술의 역사와 자료

제2장 / 봉술(棒術)의 실제

제 1 장
봉술의 역사와 자료

누구나 봉술의 신기(神技)를 익힐 수 있다

봉술의 명인들이 펼
치는 신기(神技)

봉술은 무엇보다도
정신자세가 중요하다.
(70세의 달인)

■봉술 달인에 의한 신봉일관(辛棒一貫)의 전승(伝承)■

봉술의 신기(神技)는 하루 아침에
터득할 수 없다. 날마다 쉬지 않고
연구하고 노력하는 가운데 자기의 무
예로 체득되는 것이다.

하단준비   상단준비

영화 「인자(忍者)」에 나오는 봉술
무예의 묘기(妙技)

봉술의 달인이 제자의 봉술
연습을 지켜보고 있다.

● 봉(棒)의 본질(本質)

봉을 사용하는 이상 봉의 본질에 대하여 알아 두어야 한다. 마치 칼, 검을 보듯 봉에 대해서도 감정을 느낄 줄 아는 눈을 키우도록 한다. 봉은 그 무엇보다도 제일 많이 사용되는 것이다. 그것은 자생하는 토지의 여러 상황에 따라서 강하고 약한 특성이 나타나게 된다. 내가 살고 있는 고장의 빨간 떡갈나무는 약간 희미한 붉은 빛을 띠고 있으며, 비교적 따사로운 지방에는 빨간색으로 물감을 들인 듯한 붉은 떡갈나무가 있는데, 그것은 자르면 끈기가 없으며 무르다고 한다. 그러나 내륙지방에 있는 일부의 붉은 떡갈나무는 단단하고 질이 좋다고 일컬어지며, 옛날부터 이 붉은 떡갈나무를 무기 등으로 사용했다. .

떡갈나무는 색이 다양하여, 어떤것은 색이 엷은 검은색이고, 어떤 것은 퇴색한 색을 한 것도 있다.

「학자에 의하면 떡갈나무는 7가지 종류가 있다.」

사전을 보면 10가지의 종류가 있다고 되어 있다.

떡갈나무는 9월에서 12월 초순에 거쳐 자른 것이 제일 좋다고 한다.

겨울에 자른 것도 좋기는 하지만, 벌레에게 약하다.

떡갈나무 외에 비파나무도 있다. 그러나 그것은 나뭇결은 좋은데 똑바로 곧은 것이 적다.

봉으로써 제일 좋은 것은 떡갈나무이며, 다음이 느티나무이다.

봉술(棒術)의 역사

봉술을 수업하기 전에, 무(武)의 진수는 유체술(柔体術)이며, 무기의 주체는 봉과 석(石)이다. 무(武)의 신묘(神妙)의 골자는 신체의 자세는 물론이거니와, 뭐니뭐니 해도 그 몸의 자세를 지배하는 것은 정신이라는 것을 알아두어야 한다. 봉을 흔들거나, 돌을 던지거나 하는 인류의 발생은 한시대나 환경에 따라 여러 가지일 것이다. 여기에서는 구귀신류(九鬼神流)에 남아있는 기록에서부터 이야기해 보겠다.

태고 시대에는 삼척오촌(三尺五寸)의 도봉(刀棒)이라는 것이 있어서, 한쪽에 돌이 끼워져 박혀있고, 팔척(八尺) 봉의 양 끝에는 그것에 상응하여 돌이 끼워져 있어서, 이것으로 적의 머리를 쳐부수었다고 한다.

후세에 이르러, 이 도봉(刀棒)이나 팔척봉(八尺棒)의 술(術)이 능숙해짐에 따라 그 돌이 없어지고, 도봉(刀棒)은 삼척위(三尺位)가 되고, 반봉(半棒)의 술(術)이나 봉도술(棒刀術)이나 장술(杖術)로 진화되어 간 것이다. 물론 팔척(八尺)의 봉도 돌이 없어지고, 육척봉(六尺棒)의 술(術)이 생겼다.

옛날 봉술(棒術)의 원류로써는 신전류(神伝流)·웅야류(熊野流)·구귀신류(九鬼神流)·팔방류(八方流)·고목류(高木流)라고 기록되어 있다. 봉을 옛날에는 수목(秀木)이라고 했다.

긴 나무의 봉(棒)을 가리키고 있는데, 한편으로는 장군목(将軍木)이라고 하여 떡갈나무를 사용했다. 봉술달인이「옛날이나, 지금이나 봉은 같은 것이다.」라는 어구를 남겼으나, 봉의 역사를 말하기 전에 아무래도 무도의 역사를 알고, 봉의 매력을 새로이 음미하는 것이 봉의 진수를 파악하는데 한층 도움이 될 것이다. 내가 사전(師伝)이라고 생각하고 있는 전서(伝書)에는, 『최고의 기록에는, 병법이란 타권체술(打拳体術), 봉술(棒術), 검술(剣術), 궁마술(弓馬術), 차오법(此五法)을 가리켜 병법이라고 말하고 있다. 이것을 가지고서 나라를 안정시키고 몸을 지켰다는 것이다.……』그리고 이어서 무예자의 기록이 열거되어 있다.

봉의 계고법(稽古法)으로써 형을 바르게 연습하는 것도 중요하지만, 그것과 동시에 체술(体術)의 수업을 실시해야 한다.

봉술(棒術)은 찌르는 것이 주가 되는 경우가 많다.「봉끝으로 허공을 찌르고 내 손이 먼저 대답을 하면 그것이 극의이다.」라는 말이 있듯이, 마음을 찌르는 것을 깨달아야 한다. 바른 찌르기를 터득하기 위해서는, 기둥에 오촌정(五寸釘)을 걸어두고, 정(釘)의 머리를 향하여 봉을 찌르는 것이다.

처음에는 정이 날아가버리는 것이 대부분이지만, 기둥에 정이 박히면 그것은 OK이다. 다음에 몸으로 찌르고, 몸으로 당긴다. 이 때, 봉을 손바닥 안에 강하게 잡지말고, 공중에서 놀게 해야 한다. 자유로이 반복하고, 반복하여 빼는 것에 의해 유영(遊泳)시킬 수 있게 된다.

자신의 몸도 마찬가지로 유영(遊泳)시킨다. 발도 가볍게 날아놀듯 움직이도록 마음먹는다.

적이 봉을 쳐올리거나 검을 받게 되는 경우에도, 받았으면 말 그대로 흘리듯이 내리며, 그렇게 하면서 허실(虛實)한 점을 틈타 적을 친다. 파우어없는 안개와도 같이 봉과 몸을 하나로 하여 몽환(夢幻)의 묘실(妙実)을 터득하려는데 일관하는 것이 바람직한 것이다.

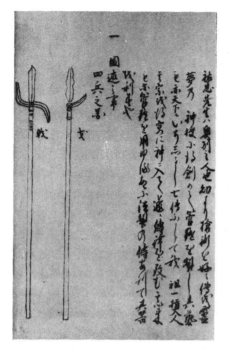

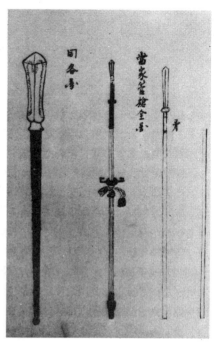

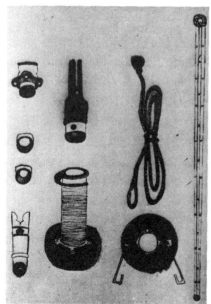

봉(棒) 끝에 무기를 붙여서 전쟁시
에 사용하기도 하였다. 후에 창술(槍
術), 장도술(長刀術)로 변화하였다.

봉술의 달인 고송(高松) 선생이 쓴 각 유파(流派) 이름과 그 시대

구귀신류(九鬼神流) 봉술(棒術)의 역사

 연원(延元) 원년, 족리존씨공(足利尊氏公) 때문에 후제호(後醍醐) 천황이 화산원(花山院)에 유폐(幽閉)되었을 때, 남정성(楠正成)을 비롯하여 남조(南朝)의 충신들이 어떻게 해서든지 천황을 구하려고 생각하고 고안하고 있을 때, 기주(紀州)의 행자(行者) 한 명인, 약사환장인(藥師丸蔵人)도 그 자리에 있었다.

 거기에서, 인법(忍法)을 터득하고 있던 장인(蔵人)이 무용에 뛰어나 있었기 때문에, 이 대임이 주어졌다.

치도(薙刀)

치도(薙刀)의 끝이 떨어진다

그 때, 장인(蔵人)은 16세의 미소년으로, 장인은 궁안에 여자로 변장하여 화산원(花山院)으로 몰래 잠입하여 천황을 등에 업고 탈출하려 하였는데, 그러나 운이 나쁘게 잡병(雜兵)에게 발견되었다.

기합과 함께 천황을 등에 업은 그대로 문 앞까지 날아 내렸으나, 사방에서 병사들이 나와 무용자(武勇者)들에게 포위되었다.

장인은 나무 아래에 천황을 내려놓고 치도(薙刀)를 들고 공격해 들어오는 병사들을 모두 상대하여 장인이 가는 곳은 모두 쓰러져 엎어졌다.

드디어 대장들만이 남았다. 장인은 치도(薙刀), 황파(荒波)의 끝을 거꾸로 날렸다.

「잘됐다」하면서 장인은 호은류봉술역구자(戶隱流棒術逆九字)의 형으로 분투하며 대장들을 쓰러뜨리고 있을 무렵, 남정성(楠正成)의 군대가 몰려와 천황을 무사히 구할 수 있었다.

6척봉청안부동 (六尺棒青眼不動)의 준비 자세에서 돈다.

다수의 적에게 포위되어 있는 위치에서 태양을 등지고, 물가에 있다. 봉을 물레방아처럼 우수팔자(右手八字)로 흔들어 바람을 일으켜, 적의 안심체(眼心体)를 잡아 쓰러뜨리고, 날려보낸다

봉술의 전서(伝書)

대평심동류봉술(大平心動流棒術)

①

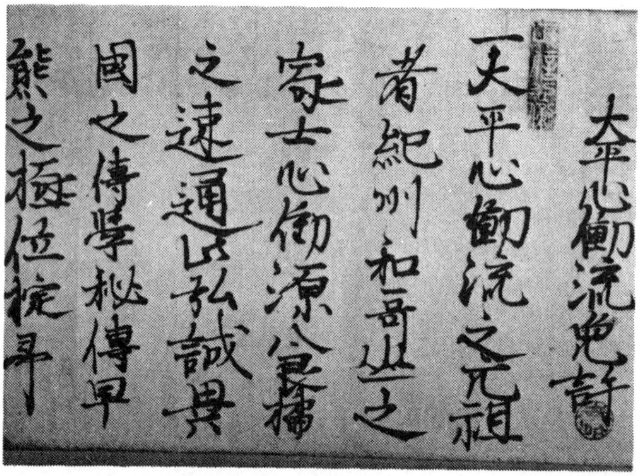

②

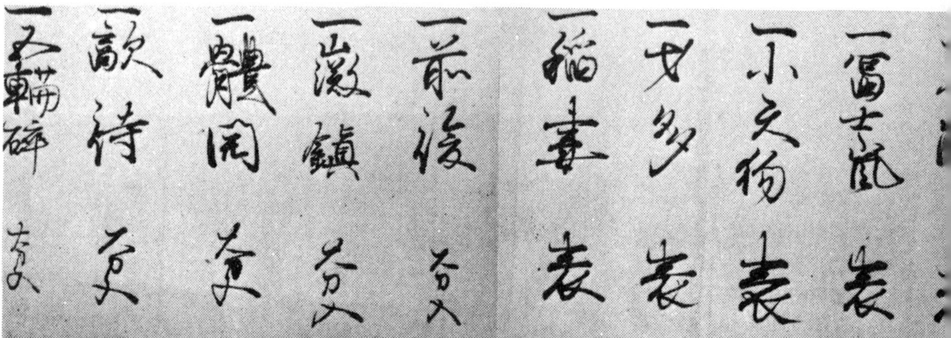

③

剣術

棒術

ツク午　ウツキ　ヒラクキ
二元キ　トウキ　ムキ
い元キ　キキキ
竺ナ五ナ

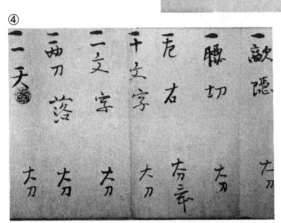

④

一敵隠　　　大刀
一腰切　　　大刀
一尾右　　　右ニ
一文字　　　大刀
千文字　　　大刀
二文字落　　大刀
二両刀　　　大刀
一天　　　　大刀

棒術

一電　相棒　　表
一例荒　相根　表
一足碎　相作　表
一打廻　　　　表
一折枕　　　　表
一笠肩　　　　表
一腰車　　　　表
一天嵐　　　　表

一 十文字　　　　全

一 八　故　　　　全

一 八　雙　　　　全

一 賣見　　　　　全

一 居合留　　　　全

一 立合留　　　　全

一 鎗詰上中下　　全

　　合四拾五本

右鹿嶋大明神夢想之棒者無始無
終故於及極意以此箕手心地悉則夢
相所傳理也更ニ從今箇拾伍箇道而悉
授与於吾君其蘊奥則無本主之
理也凡事者至三則是何物也聖人所作
及心不一致故也歡太刀高敬馬或見
歡人氣象毛色而思長之故临於轉化表理
平生之習日熟第出唯徒先可見蓄要心
故敢此初也蓋勸物皆有始終也有求
末也不一生临永也其兆終末也貝天地之

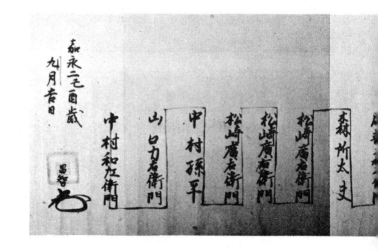

嘉永二己酉歳
九月吉日

中村和左衛門　（昌守）

山口力右衛門

中村孫平

松嶋廣左衛門

松嶋廣右衛門

森所太夫

鹿嶋神棒目録

一初終　　　口傳
一翔手　　　仝
一両叙　　　仝
一割止　　　仝
一極意
　　右表
一裏五木　　各表ニ同
一割貳拾本　表裏果完
　中極意

一割靜眼　　口傳
一裡靜眼　　仝
一留釘　　　仝
一零輪劍　　仝

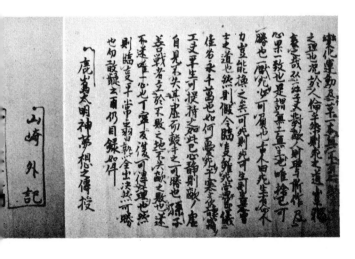

山崎外記

鹿島為太明神夢想之傳授

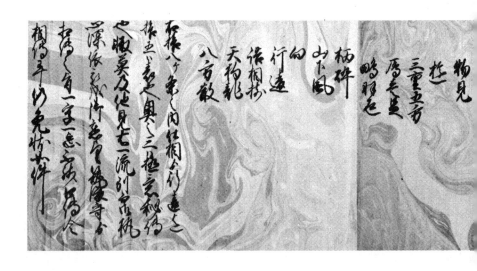

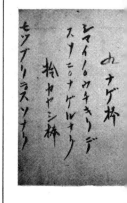

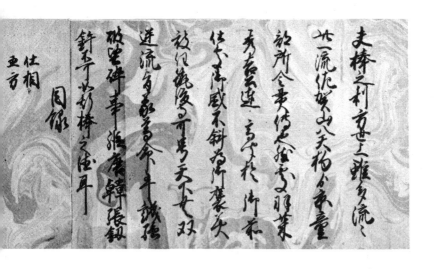

관구류봉술(関口流棒術(비전서 : 秘伝書에서)□

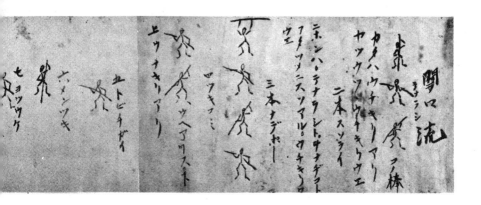

一八箇傳

一袖車口傳 第一

一万手口傳 第一

一眼貫口傳 第一

一蘭車口傳 第一

東軍流棒中極意目錄

神隱五本

江上口傳 秘番

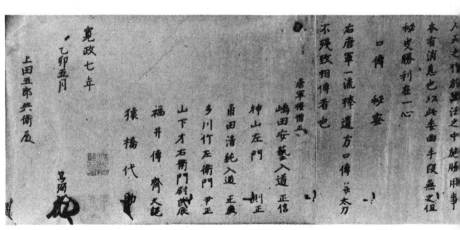

寬政七年

乙卯五月

上田五郎兵衛尉

猿橋代

福井傳 齊入說

山下才石衛門尉武辰

多川竹五衛門 之正

角田清純入道 王與

椙山左門 則正

嶋田安藝入道 正信

唐軍權傳氏

口傳 秘密

右唐軍一流棒道方口傳 大刀

不殘致相傳者也

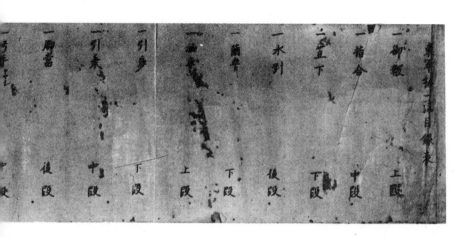

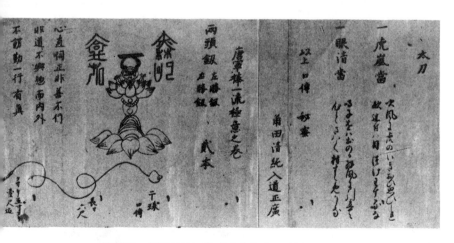

당나라는 물론이고, 우리나라에서도 봉술
이라는 것은 가장 오래된 무술이었다는 것
이 전서(伝書)에도 나타나 있다.

몽상천류봉술(夢想天流棒術)

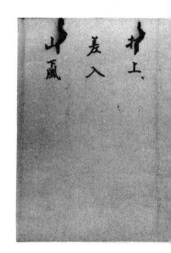

夢想天流棒術目録

、

表　　　左右

片〻痙　　上中下

四天　　　左右

大関　　　上中下

張翻　　　左右

剞入　　　左右

山風　　　上中下

太刀合

〻

口傳

、

上段　無刀　差落

首車　腰車　アバサミ

五輪砕　八方輔　鶴之一足

外ニモギ四ツ

右拾貳本之棒他流ニ高勝身無
之候表ニ而留ニ大事中ニ置候得六

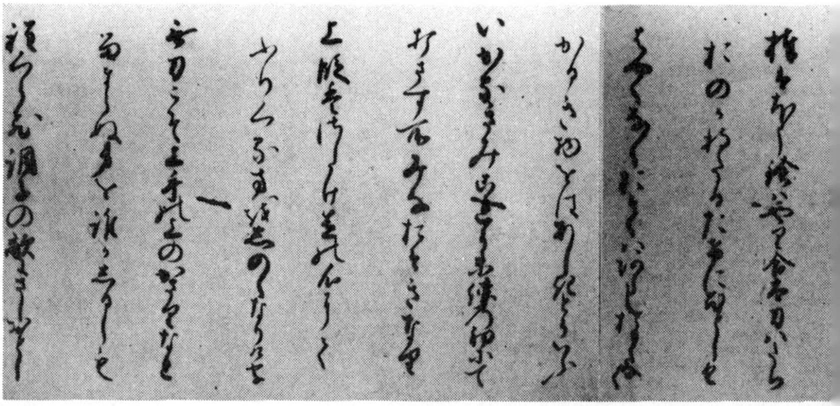

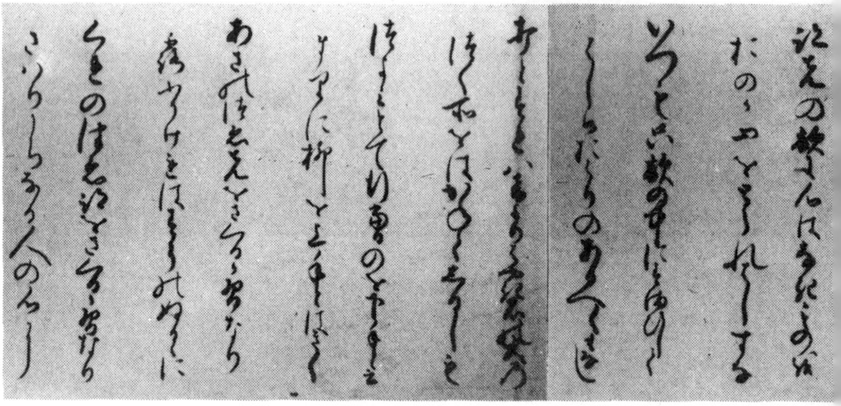

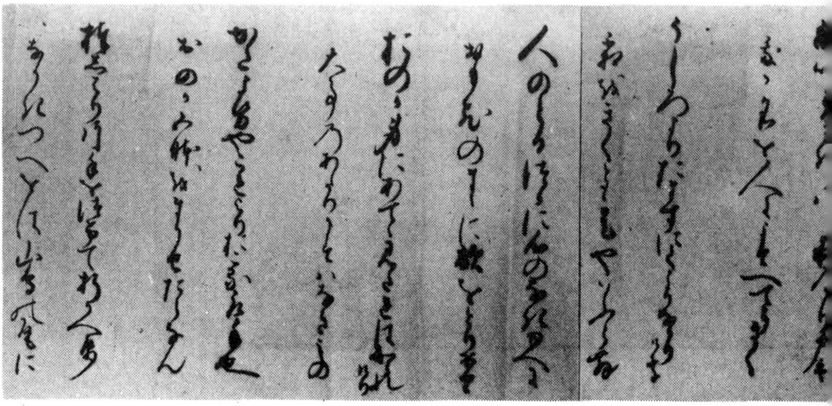

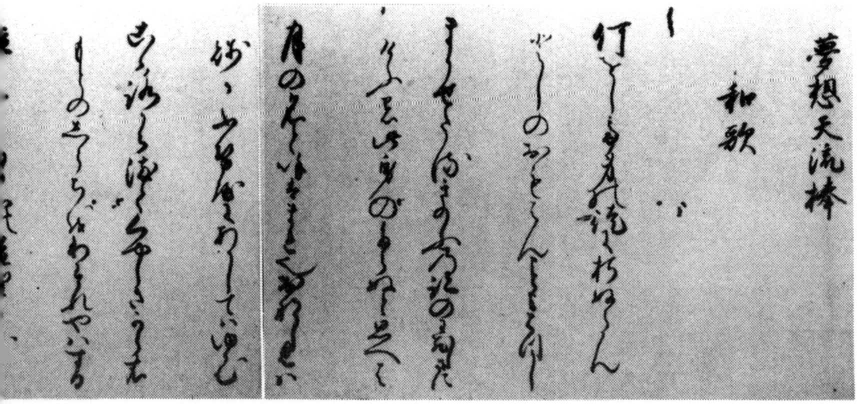
夢想天流棒

和歌

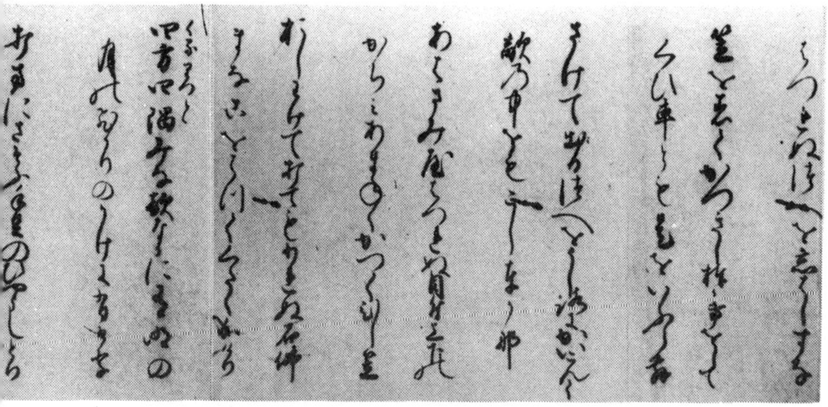

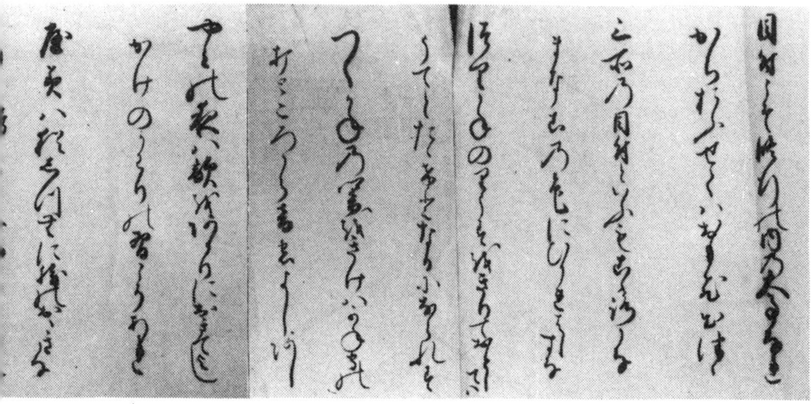

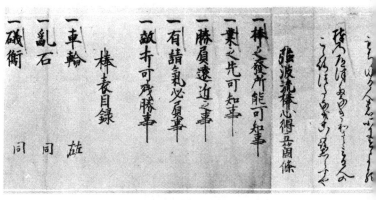

强波流棒心得五箇條

一 棒之發所能可知事
一 業之先可知事
一 勝負遠近之事
一 有諂氣必員事
一 敵亦可殘勝事

棒表目録

一 敵衝　　同
一 亂石　　同
一 車輪　　雄

一 朝嵐　　裏義棒　　同

一 流下
一 松虫
一 散苍

棒軽重傳附　　才水金東呂傳
逆之棒

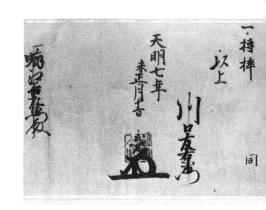

一 持棒

以上

天明七年　丁未正月吉日

川早友吉　　同

序

夫當流棒者強波之於心
為壽誠死生勝負青信實
之司心士常也矣然全一
流者與為義士成不同也
所用錄意而得勝理亦爾
諸衰同繳矣耶良士之非
好焉全賤者可為學也雖
然其勝負泰哥為以於鑰釼
昧者可不如不用手故一
流勝負善惡於滋傳信仰
不急百替古者強波之全

棒裏目録　碰

一　柳水　　同
一　風車　　同
一　洩水　　同
一　碎破　　同
一　亂水　　同
一　洗　　　同
一　秋風　　同

秘傳棒

一　左逆　　口傳
一　右逆　　同
一　挟逆
一　攬之事　口傳
一　扱棒之事
一　磯碎　　口傳
一　挫棒　　同

以新備於中点武旅行至夜
為杖而以隨身而為防暴徒之
害異也雖然臨身而其用具
無之時者別亦口投之妙術加
可決為武備之所業奇妄術
以所為武備之所業者也欲其眼
心正明中目之處更要瓣怒手
足遠退開合順暴而働則萬
入即練歷之術順体而働則萬
可被無一失也玉爾

古十二条重合訣

秘歌ニ日

聖語日吾一以毋貪三者寒我
此語汉王臺友故歌學龍
者先一異志一其行而不學
則爭不能善其道也言者
志一成者誠之木也志二成者

荒木流棒術目録巻序

柳棒術之大九隆者高神國開
關之姑　劔許太刀等之立枕矛有
之時者先其地生主在之庭之童木
大條以用帝惡徒鳥獸草斫
退之為發有也役尓以來大巳
貴命之武甕槌命經津主命等
之使男之大神等正追求而以属軍陣
棒太刀等正追求而以属軍陣

棒術半伝目録巻

真身曲
右角曲
左角曲
右牙交足
左牙交足
右陰之廻足
左陰之廻足
右脇之山嵐

惠之本也亦曰一人行者則
得吉三人行者則失友也故
君子誠三為業也故欲學此
道者專一心之以智力盡夜
之習古與獨范相勵則勝
利無疑有也爾云

于時明治参拾六年
辰正五月吉

荒木堂信羅源秀綱

봉(棒)의 종류

(오른쪽에서부터)
구척봉(九尺棒)
팔척봉(八尺棒)
칠척봉(七尺棒)
육척봉(六尺棒)(2개)
철을 끼운 봉(2개)
팔각봉(八角棒)
석봉(錫棒)
철봉(銑棒)
구귀행자봉(九鬼行者棒)

어둠을 이용하여 공격해 싸우는 쇄(鎖)와 분동(分銅)에 봉술구귀지옥변(棒術九鬼地獄変)을 본다.

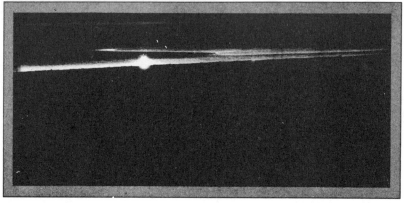

구귀행자봉(九鬼行者棒)은 끝에 4가닥의 창이 나와 있으며, 봉 가운데는 도려내져 있고, 분동쇄(分銅鎖)가 끼워져 있다.

봉의 한끝에는 9개의 철 고리가 끼워져 있고, 하나의 철고리에는 9개의 병(鋲)이 나와 있다.

칼을 휘감으면서 사지창으로 찔러 비틀어 잡는다.

쇄분동(鎖分銅)을 휘감고, 칼을 당기면서 천지(天地) 자세를 취하면서 상대의 등을 눌러 찌르고, 철고리로 상대를 쳐부순다.

구귀봉(九鬼棒) 한쪽 끝으로 하여 상대방 안면을 치고, 돌려 뛰어오르면서 찔러넣는다.

무예장(武芸帳) 인쇄판

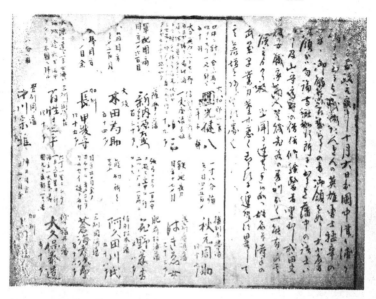

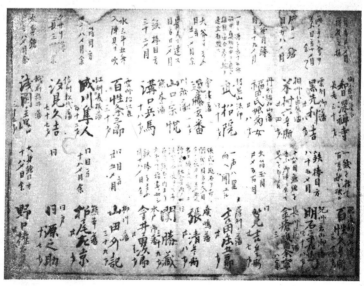

제2장
봉술(棒術)의 실제

1. 양흉포(両胸捕)

① 양쪽 가슴을 잡는다.

② 오른손의 봉을 상대의 왼쪽 팔꿈치 옆에서부터 누르듯이 대어간다.

③ 내가 몸을 왼쪽으로 향하면서 오른발을 일보 내디디고, 왼손에 봉두(棒頭)를 잡아가면서 상대의 왼쪽 팔꿈치 또는 발을 꺾어간다.

④ 그대로 몸을 돌려 내려 상대의 손을 잡으면, 봉에 잡힌 손에 통증이 오고, 빠지지 않는다.

⑤ 앞으로 쓰러지면 양팔을 잡아 꼼짝못하게 한다. 또는 봉으로 눌러 변화를 준다.

2. 포봉(捕棒)

① 준비

② 상대는 양손으로 봉을 잡으려
고 한다.

⑤ 멈추지 말고 상대를 위
를 향하여 눕도록 쓰
러뜨려간다.

⑥ 상대의 포인트를 봉과 몸으로 제
압해간다.

⑨ 순간적으로 상대의 양발,
양손을 조여 제압한다.

③ 상대의 힘에 상관없이 봉을
오른손으로 왼쪽, 오른쪽 어
느쪽으로라도 봉을 젖힌다.

④ 상대의 오른쪽 발바닥에서부터 젖힌
봉을 왼손으로 잡아 오른쪽 무릎을
구부리고 왼쪽 넓적다리를 구부려 봄.

⑦ 상대의 오른발을 귀신 걸기로 걸
어 넘기고,

⑧ 복향(伏向)으로 쓰러뜨려, 단단히
봉과 함께 상대의 오른발을 잡는
다.

① 서로 준비

② 오른쪽 주먹으로 찔러들어오
는 상대를 봉으로 맞서지 않고,
조금 봉을 공간에 눌러내기만
해도 상대는 일순 현혹된다.

⑤ 앞으로 쓰러진 상대를 봉으
로 누르든지, 상대의 오른
손을 왼발로 밟는다.

⑥ 움직이면 산등(山쯤 : 코)에 대어
조금 변화있는 공격을 한다.

③ 한바퀴 돌려, 나는 오른쪽 아래의
봉을 위로 젖히면서, 몸과 함께
한바퀴 돌려 손에 봉을 잡으면서
상대쪽 왼쪽면을 쳐낸다.

④ 왼쪽으로 봉을 위치하여
몸의 자세를 변화시키는
것과 함께, 뛰어 차듯이
하여 앞으로 던져 쓰러뜨
린다. 쓰러뜨리기 어려운 경
우에는, 내가 왼발에 걸린
상대의 오른발을 뒤로 당
기면, 가볍게 상대는 앞쪽
으로 쓰러진다.

⑦ 내가 왼쪽 무릎을 상대의 몸에 대고,
왼손으로 안면을 잡으면서, 봉끝을 목
부분에 넣고 눌러가는 것도 좋다.

4. 차기에 대한 법

① 서로 준비

② 상대가 차기로 공격해 들어온다. 오른손으로 봉끝을 내는 것 같이 하여 몸을 변화시킨다.

⑤ 상대가 왼쪽 주먹으로 공격을 가하면, 체변 잠형(体変潜型)으로 몸자세를 취하면서 상대의 왼발에 내가 오른발을 걸어 잡는 것도 가능하다.

⑥ 또 상대의 오른발을 봉으로 아프게 하여 잡으면서, 오른발로 왼발 안쪽을 건다.

③ 상대를 현혹시킨다. 검끝
에 현혹된 상대의 오른발
을 왼손으로 잡고,

④ 그 발을 껴안듯이 하여 잡
는다. 상대의 공격을 오
른손 봉끝으로 막는다.

⑦ 몸을 변화시켜 상대를 던
지듯 쓰러뜨린다.

⑧ 발을 비틀어 잡고, 자신의 오른쪽 무
릎으로 상대편 오른손을 꺾어잡는다.
더욱 자유변화(自由変化)할 것.

5. 두 명(二人) 잡기

① 양손을 두 명이 잡는다.

② 손끝에서부터 팔꿈치를 사용할 것. 봉을 앞으로 젖히면서 왼쪽, 오른쪽에 있는 상대를 잡는다.

③ 왼쪽 봉끝을 왼쪽에 있는 상대의 손에 걸면서 앞으로 젖혀, 오른쪽에 있는 상대의 왼손을 거꾸로 쥐지말고 잡는다.

④ 앞으로 쓰러뜨리고 왼쪽 봉끝을 몸과 함께 올리고, 비스듬히 앞으로 밀면,

⑤ 두 명 모두 쓰러진다.

⑥ 찌르기로 잔심(残心) 처리를 하도록 한다.

① 상대는 양손에 있는
봉의 양끝을 잡는다.

② 앞의 원리와 같은데,
한쪽, 예를 들면 왼쪽
상대를 허리의 힘을
이용하여 팔꿈치, 어깨
로 들어올려, 양쪽 상
대의 힘의 밸런스를
무너뜨린다.

③ 몸과 봉을 재빨리 돌리
면, 두 명이 함께 쓰러
진다. 쓰러지면 찔러치
기로 변화.

6. 발도(拔刀)

① 상대가 발도형(拔刀型)으로 공격한다.

② 상대의 오른쪽 소수(小手)를 봉으로 몸과 함께 댄다.

③ 나는 입신(入身)과 동시에 상대편을 왼손으로 잡아 당기면서,

④ 상대의 왼쪽으로 봉을 돌려넣
어 댄다.

⑤ 비틀 때에 상대의 일도(一刀)
를 뺀다.

⑥ 왼쪽 무릎으로 봉을
누르고 상대의 몸
을 잡으면서, 자신
의 오른발은 차넣어
잡기를 자유로이 할
것. 일도(一刀) 상
단(上段). 잔심(殘
心).

찰광(察光)의 준비 자세

묘안(妙眼)의 준비 자세

잠입하는 흉변(詾変)의 준비 자세

호과(虎爪)의 준비 자세

흉변(誼変) 공세의 준비 자세

수타(受打)의 준비 자세

허광(虛光)의 준비 자세

무념(無念)의 준비 자세

일천(日天)

돌리기 파(波)

역(役)의 행자(行者)

차기 풍마(風魔)의 변술(変術)

공격 공전술(空転術)

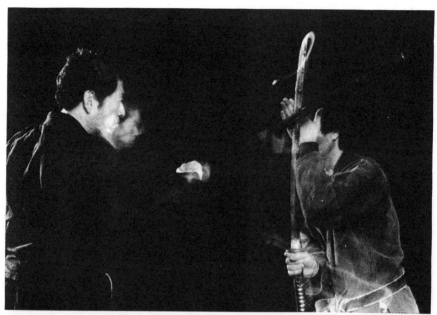

폭포 오르기

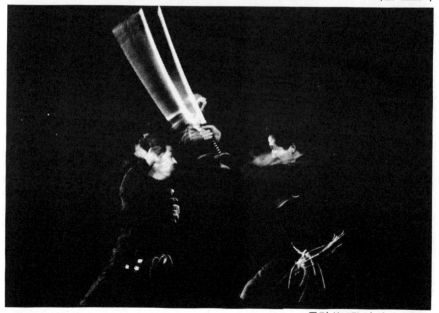

무명(無明)의 수술(受術)

옆으로 흐르기

미국 『Fighting Stars』지에 소개
된 봉술

봉(棒)의 작법(作法)

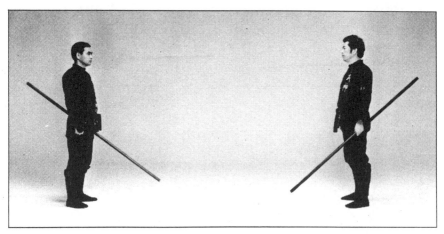

① 왼손으로 봉의 한가운데를 잡고 걷는다.

② 상대와 육척(六尺)의 간격으로 오른손에 봉을 바꾸어 잡는다.

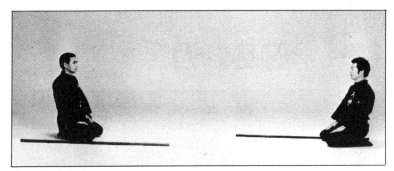

③ 정좌(正座)

④ 예(礼)를 한다.

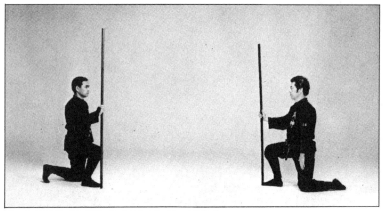

⑤ 오른발을 반 세우고 봉을 똑바로 세운다.
   여기에서 양자 「손을 부드럽게」라고 예언(礼言)을 말한다.

⑥ 조심하며 봉을 앞쪽으로
  쳐내린다.

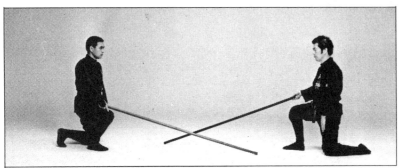

⑦ 오른손으로 봉을 들어올린다.

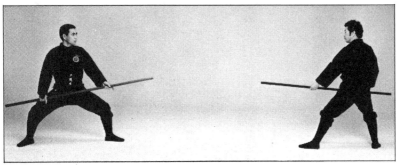

⑧ 왼손을 봉에 대고 일어나면서 준비자세를 취한다.

구형 (構型)

●상단의 준비 자세

봉의 한가운데를 밸런스 있게 양손의 손바닥을 아래로 하여 잡는다. 잡는 손의 간격은 2척(二尺), 봉을 머리 위로 가져간다. 왼발을 앞에, 오른발은 뒤로 준비 자세를 취하는데, 이때 왼쪽,오른쪽은 자유로이 변화할 수 있도록 가볍게 바닥에 두고, 왼발에 몸의 중심을 놓도록 한다.
왼쪽 봉끝을 적의 눈을 잡듯이 목표로 잡아 두고, 오른손은 머리 위로 올린다.

●중단(中段) 준비 자세

봉의 중단을 양손을 아래로 향하여 잡는다. 잡는 손의 간격은 1척(一尺) 5촌(五寸). 오른발은 뒷쪽에 두어 자세를 바르게 하고, 왼손을 앞쪽으로 뻗고 오른손은 자신의 가슴에 오도록 준비 자세를 취한다.

●하단(下段)의 준비 자세

양손을 아래로 향하고 1척(一尺) 5촌(五寸)의 간격으로 봉을 잡는다. 오른 발은 뒷쪽에 중심을 두도록 하고, 오른쪽 봉끝을 지상에 붙이듯이 준비한다.

●일문자(一文字) 준비 자세

몸을 오른쪽으로 향하고, 잡은 손의 간격은 2척(二尺).안면은 양손을 향한다. 양발도 2척(二尺). 잡은 손과 마찬가지로 둔다. 양팔은 가볍게 오른쪽으로 늘 어뜨린다.

●평 일문자(平一文字) 준비 자세

일문자(一文字)의 준비 자세 요령인데, 몸과 봉 모두 앞에 있다.

●이변(詭変)의 준비 자세

　잡은 손을 아래로 향하고, 왼발을 앞쪽, 오른발을 뒷쪽, 오른쪽 무릎을 가볍게 구부린다. 왼손은 앞쪽으로 펴고, 오른손 주먹은 자신의 옆면에　붙이는 것같이 준비한다. 이변(詭変)의 준비 자세란 적을 속여 변화시킨다는 준비 자세형이기 때문에, 일정하게 정해진 형이 아니라고 해도 좋다.

● 청안(靑眼)의 준비 자세

　오른발을 앞으로, 왼발은 뒷쪽으로 하고 선다. 양발 사이는 1척(一尺) 5촌 (五寸). 봉을 잡은 손의 간격은 1척(一尺) 5촌(五寸)정도로써 오른손은 　왼 쪽으로 향하고, 왼손은 　오른쪽으로 　향한다. 양손 모두 가볍게 구부리고, 오 른손은 코의 중앙 선, 왼손은 왼쪽 배 부분에 위치한다.

● 천지인(天地人)의 준비 자세

　오른쪽으로 　향하는 듯한 기분으로 몸의 준 비 자세를 취하고, 양 손 모두 봉 잡는 손의 손바닥쪽을 　자신쪽으 로 향하고, 오른손은 오른쪽 뺨 주변으로. 　왼손은 오른쪽 가슴 주위에 위치시키고, 봉 잡는 간격은 1척(一 尺) 2촌(二寸) 정도. 봉의 밸런스는 위가 6, 아래가 4가 되도록 한 다.

● 폐도(弊倒)의 준비 자세

　이 준비 자세는 '가로 벤다'라는 위치이기 때문에,'가로 벤다'라는 의미를 잘 알아 둔 다음 준비 자세를 취한다. 왼발을 1보 앞으로 내고, 오른발은 뒤에 위치시킨다. 간격은 1척(一尺)　2촌(二寸) 정도. 봉을 잡은 양손의 간격은 2척 정도로 하고,　왼손은 뒷쪽으로 당기듯이 준비한다. 이 위치에서 자신부터 쳐들어가는 것은 불리한데, 적이 오면 나에게는 유리한 준비 자세이다.

기본형 (起本型)

Ⓐ는 자신, Ⓑ는 상대이다.

각각 63페이지의 『봉의 작법』에서부터 시작된다.

● 수신형 (受身型)

① Ⓐ, Ⓑ 모두 평일문자 (平一文字)로 준비 자세를 취한다.

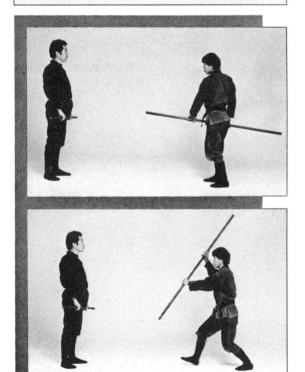

A

② Ⓑ는 오른발을 1보 전진하는 것과 동시에 오른쪽 창끝을 Ⓐ의 머리 위로 올려 체변 (体変).

B

쳐들어가면서 천지 (天地) 치기 준비 자세의 이동형(移動型).

상대가 머리를 맞겠다는 착각
을 일으킬 수 있을 정도의 가
까운 거리까지 봉을 댄다.

A

③ Ⓐ는 오른발을 오른쪽 뒷쪽
으로 일보 후퇴하면서, 오
른손 손바닥 부분으로 봉을
끼우듯이 하여 앞 머리 부
분 위에, 왼손은 왼쪽 앞쪽
위에 끼워 올리듯이 한다.
이때 오른쪽 앞팔에서 팔
꿈치에 걸쳐 봉을 지탱하도
록 한다. Ⓑ의 봉이 봉을
따라 흘러떨어진다.

B

형(型)은 상단(上段) 받기
준비 자세.

A

④ Ⓑ는 봉의 흐름에 맞추어 무너진
　다.
주의
　Ⓐ는 봉을 잡는 것이 아니라 지
　탱한다라는 기분으로 잡는　것이
　중요하다. 손가락을 잘리지 않기
　위하여 붙여 지탱하는　형이라고
　도 할 수 있다.

B

마음은 받아 흘린다는 의지로

C

봉은 급류를 흘려 내려보내듯이.

D

Ⓑ의 몸은 물 흐름에 무너진다.

● 발 잘라베기

① Ⓐ, Ⓑ 모두 평일문자(平一文字) 의 준비 자세를 취한다.

② Ⓐ 오른발을 1보 전진하면서 Ⓑ 의 왼발을 공격한다.
Ⓑ는 왼발을 1보 뒷쪽으로 하여 Ⓐ의 봉발 잘라베기를 피하면서 오른쪽 봉끝에 댄다.

A
③ Ⓐ는 왼손 봉 잡은 손을 놓으면서, 왼쪽 봉끝을 반 돌린다.

B
Ⓑ도 마찬가지로 왼손 봉 잡은 손을 놓고 반 돌린다.

74

④ Ⓐ, Ⓑ 봉끼리 서
　로 마주한다.

⑤ Ⓐ의 오른쪽 손
　을 내가 왼쪽 어
　깨 방향으로 올리
　듯이 하여 봉을
　움직이면서(Ⓑ도
　마찬가지로),

⑥ Ⓐ, Ⓑ 모두 왼
　손을 젖히면서, 봉
　을 오른쪽으로 잡
　으면서 Ⓑ의 오
　른손을 낸다. Ⓑ
　는 마찬가지로 가
　로베기를 받는다.
　몸으로　이것을
　멈춘다.

● 사방봉진형(四方棒振型)

① 일문자(一文字)의 준비 자
세로 자세를 취한다.
단지 이때, 왼손 손바닥은
위로 향하도록 잡고, 오른
손 손바닥은 아래로 향하여
잡는다.

② 오른손으로 잡은 봉을 아
래로 누르며 놓는다.

③ 왼손 손바닥을 아래로 향
하도록 바꾼다.

④ 오른손 손바닥을   아래로 향하여 봉을 잡는다.

⑤ 왼쪽에 잡은 봉을 올린다.

A

⑥ 오른손 봉 잡은 손을 반 돌리면서 왼쪽 몸쪽으로 봉 잡은 오른손을 가져간다.

77

B
봉 돌리는 손의 움직음은,
공을 만들듯이 무심한 어
린이들의 놀이와도 같다.

⑦ 왼손에 봉을 잡는다. 이것
은 바람을 잡아 품는 것과
같다.

⑧ 봉을 몸의 왼쪽에   일문자
(一文字) 준비 자세를 취한
다. 몸을 나선형의 자연미
에 근거하여 변화시켜 간
다.

78

⑨ 왼쪽 손으로 잡아 봉을 아래로 누르며 놓는다. 눌러놓는 것은 바람을 보내는 것처럼 실시한다.

⑩ 오른손 손바닥을 아래로 향하도록 뒤집는다. 발은 옮겨 놓는다.

⑪ 왼손 손바닥을 아래로 향하여 봉을 잡는다. 이것은 왼손을 사용하여 봉에 변화를 주는 일명 '키잡이' 라는 것이다.

⑫ 오른손을 위로 하여 봉을 놓아올린다. 공을 던지며 놓는 것과 같이.

⑬ 왼쪽, 봉을 잡은 손을 반돌리면서, 오른쪽 몸쪽으로 왼손으로 잡은 봉을 들어 내린다.

⑭ 오른손으로 봉을 잡는다. 공은 잡으면 멈추는 것처럼.

⑮ 횡일문자(橫一文字)의 준비 자세를 취한다. 봉 혼들기를 사방 팔방 천지 풍차처럼 몸의 변화와 함께 실시하는 훈련을 할 것.

⑯ 풍차 바람이란 기류를 말한다. 바람은 상대의 기(気)에 의하여 일어나는 것이다. 기(気)에 의하여 바람은 봉에게 말하는가? 말하지 않는가?

● 면(面) 쳐 가로
베기 형(型)

① Ⓐ, Ⓑ 모두 우일문
자(右一文字)의 준비
자세를 취한다. 왼손
손바닥은 위를 향하
고, 오른손 손바닥은
아래로 향하여 봉을
잡는다.

② Ⓐ, Ⓑ 모두 왼손의
봉을 윗쪽으로 올리
고,

③ 몸을 바꾸면서 Ⓑ 의
왼발을 가로 베어간다.
Ⓐ, Ⓑ의 봉을 서로
마주한다.

④ 그 몸 그대로 왼쪽
  머리 정수리면을 친
  다.
  Ⓐ, Ⓑ의 봉을 서로
  마주한다.

⑤ Ⓐ, Ⓑ 모두 왼쪽
  몸쪽에 봉을 미끄러
  뜨리듯이 일문자(一
  文字) 준비 자세를 취
  한다.

⑥ Ⓐ, Ⓑ 모두 1보 전
  진하면서 오른쪽 몸
  통을 가로 베어간다.
  전진족(前進足) 이라
  는 것이 있고, 왼발
  전진, 오른발 1보 후
  퇴라는 발디딤이 있
  다.

A

⑦ Ⓐ, Ⓑ 모두 오른손
에 봉을 들고 위로 올
려 반 돌리면서, Ⓐ,
Ⓑ 모두 오른발을 가
로 베어간다.

⑧ Ⓐ, Ⓑ 모두 오른손
에 든 봉을 내려누르
면서 반 회전시키고,

⑨ 왼손에 봉을 잡고, 횡
일문자(橫一文字)의
준비 자세를 취한다.

● 찌르기 형(型)

① 청안(青眼)으로
   준비 자세를 취
   한다.

② 몸에서부터 찔러
   들어가고, 그리고
   봉끝을 왼쪽 몸
   앞으로 하여 상대
   의 상체를 무너
   뜨리듯이 하여,

③ 오른발을 1보전
   진하면서, 오른
   손쪽을 봉끝으로
   하고,오른쪽 옆
   에 원을 그리듯이
   하여, 상대의 하
   단(下段)으로 찔
   러들어간다. 하
   단(下段)이란 명
   치를 중심(中心)
   으로 한다.

④ 하단(下段) 공격을 막으면 그대로 상대쪽의 앞팔을 들어올린다. 오른발을 당겨 청안(靑眼)의 준비 자세를 왼쪽, 오른쪽 어느쪽으로라도 취하도록 한다.

　찌르기 형은 이상의 연습을 반복하고,다음에 몸에 기어들어가는 형, 봉 기술 날리기 형(型)을 연습한다.

⑤ ④에서 오른쪽에 봉을 가지고 가서 상대를 옆으로 쓰러뜨린다.

⑥ 이것은 몸의 흔듦과 함께 연습할 것. 소수선(小手先)의 봉술에서는 기(技)에 생명은 없다. 상대를 쓰러뜨리는 것을 몸의 변형과 함께 하고, 잔심(殘心)의 준비 자세를 취한다.

⑦ ②에서 왼쪽 무
릎을 내리면서 상
대쪽의 조하(朝
霞 : 턱)를 쳐올
린다.

⑧ 다음 왼발을 세
우면서 봉끝을
당겨 내리듯이
하여 상대쪽 천
두(天頭)를 쳐당
겨누른다. 봉을
왼쪽으로 흔들든
지, 오른쪽으로
흔들든지는 자유
이다.

계고별형 (稽古捌型)

● 오법 (五法)

① 몸 오른쪽 ·왼쪽 봉 흔드
  는 풍차형. 준비   자세는
  없다.

② 동측면 (同側面)

A

③ 풍차. 오른쪽 몸의 풍차봉을 오른발을 1보 내디디면서 찔러 넣고, ⑧의 왼발을 가로벤다. 왼쪽 페이지의 사진 참조

B

몸을 돌려 풍력(風力)을 강하게 할 것.

C

⑧는 왼발을, 봉을 피하여 안전을 기하기 위해 칼로 막으려고 하고 있다. 이것을 2단(二段) 흘리기라고 한다.

④ 그 봉을 Ⓑ의 왼
쪽 옆면에 댄다.
　Ⓑ의 왼발 올린다.
그 몸의 준비 자세
는 몸의 흔듦에 의
해 강한 힘이 나온
다.

A

⑤ 몸을 계속 변화시
키면서, 왼손의 봉
끝으로 Ⓑ의 오른
발을 가로벤다.

B

　Ⓐ는 가로베어 가
면서도 몸을 계속
전진시킨다. 공방
(攻防)을 자유로이
실시한다.

C
끝까지 감시하며 노려보는 것. 그것은 휴식 때도 마찬가지로, 잠시도 한 눈을 팔아서는 안된다. 진검형(眞劒型)의 묘미가 이것이다.

⑥ 오른손에 잡고있는 봉을 놓으며 올리고,

⑦ 봉을 반 돌리면서 공중을 향하여 걸면서,

A

⑧Ⓑ의 오른발을 가
로베어 제압한다.

B

봉 2단(二段) 치
기.

C

Ⓑ의 왼쪽발을
찌르고, 음(蔭)
찌르기의 묘기를
발휘한다.

●리오법(裏五法)

리오법(裏五法)의 기(技)는 다섯가지 패턴으로 분류되어 있다. 이것을 잘 보아 둘 것.

다섯가지의 패턴은 하나의 흐름으로 되어 있다. 그것은 수류적(水流的)이며, 기류적(気流的)이며, 안개와도 같으며, 영적(靈的)인 기영(奇靈) 영상을 공간에 자신의 마음으로 그리면서, '봉술의 극의(極意)가 바로 이것이구나' 하고 발견할 수 있는 필링을 제 1로 설명했다. 다른 해설에도 모두 통하는 것이다.

① 일문자(一文字)의 준비 자세를 취한다.

봉을 혼드는 방법은 앞에서 이미 설명했다. 여기에서 ①~⑱ 까지는, 왼쪽·오른쪽 봉 혼들기 형(型)으로, 필링 제 1로 사진에서부터 무심(無心)의 동(動)을 터득하는 것이 바람직하다. 이항은 설명이 필요없는 항이다.

④

⑤

⑥

⑦

⑧ 산람(山嵐). 바람은 불어
　오른다.

⑫

⑬ 고전 (古伝)에서
는 찌르는 것을
'삼심 (三心) 찌
르기'라고 한다.
기 (気)를 맛보
는 돌기미 (突無
味).

⑭ 당기기

⑮

96

⑯

⑰

⑱

⑲ 오른발 당겨찌르기

⑳ 이 찌르기는 안면에서도, 수월
(水月)에서도, 가슴뼈에서도,
상지(上肢)·하지(下肢) 어디
에서 실시해도 좋다.

㉑ 오른발을 1보 전진하고, 또
는 왼발을 당겨도 좋다. 상대
의 왼쪽 옆면을 친다.

㉒ 오른발을 띄운 상태를 취한다. 당
겨도, 오른발을 전진해도 좋다.

㉓ 상대의 오른발을 날려올려간다. 잡은
손을 지점으로 하여 몸으로 잡는 것이
다.

㉔ 봉잡은 왼손을 놓고 날려올리듯이 하여,

㉕ 왼손으로 다시 봉을 잡는다. 양자의 공간에 잘 주목하기 바란다.

㉖ 힘을 빼고 있는듯 하지만, 서로에게 틈을 보이지 않는다. 몸에 틈이 있는듯 보이면서, 마음은 서로 서로 단단히 준비 자세를 취하고 있다.

㉗ 봉에 마음을 불어넣음이 없이, 공간에서 무기(無気)로 상대를 현혹한다.

㉘ 왼쪽 옆면을 친다. 재
빨리.

㉙ 봉을 따라 입신(入身).
이내 봉을 잡지말고 봉
을 따라 적에게 가까
이 접근하는 것이다.
여기에서 몸으로 옆면
을 강하게 친다.

㉚ 쳐서쓰러질 때까지 계
속 치는데, 몸으로 내
려 떨어뜨려 간다.

※ 이 리오법(裏五法)은 리기(裏技)의 심의기(心意気)를 설명한 것이다.

100

● 차합(差合)

① 중단(中段) 준비 자
세.

A
② 상단(上段) 찌르기.
안면.

B
촌전(寸前) 변화.
숨통 찌르기로 변
화.

③ 중단(中段) 찌르기.

A
④ 하단(下段) 찌르기.

B
발 공격에 의한 돌기미(突気味).

⑤ ②③④의 찌르기에서 봉을 부드럽게 잡아, 몸의 움직임과 함께 봉의 몸도 하나로 하여 뒷쪽으로 당겨간다.

A

⑥ 오른발을 1보 변진(変進) 하면서 ⑧의 왼쪽 몸통 치기.

B

상대가 피하면, 한쪽 손 흔들리로 변화.

C

쫓아찌르기로 건다.

⑦ 몸을 변화시키면서,
봉을 오른손으로 당
기고 (칼을 잡는
경우도 있다),

⑧ 왼쪽 봉끝과 몸의
상태와를 합하여,

A

⑨ ⑧의·하단(下段) 뛰
어 오르기.
이 뛰어오르기는
⑧하단의 급소뿐만
아니라, 소수검 (小
手劍)에서도 바람
직하다.

B
찌르기

C
날려올리기, 눌러
올리기, 찔러올리
기로 변화.

⑩ 중단(中段)의 준비
자세로 바꾸어간다.

● 배 당기기

A

① 하단(下段)의 준비
　자세

B

A

② Ⓐ의 오른손 봉끝
　으로 Ⓑ의 왼쪽 몸
　쪽 몸통을 찌른다.

B
한쪽 손으로 찌른
다. 이것은 젖혀치
기라고도 하며, 봉
의 치는 반동을 이
용하여 젖혀치기
를 하기 위해서 사
용 하는 것이다.

③ 또는 상단(上段)

④ 하단(下段)

⑤ 칼을 친다고 하기 보다, 흡수하여 올린다 라고 말하는 편이 좋을 것이다.

⑥ 왼발을 변진(変進)하고, 왼손에 들고있는 봉끝으로 앞 머리를 친다.

⑦ 왼발을 변전(変転) 시키면서 발을 떼어 몸을 흔든다.

⑧ 내가 오른쪽 손의 봉의 끝을 잡고 올린다.

⑨ 하단(下段)이라도 좋다. 밟아 끊기를 한다.

⑩ 소수(小手)라도 좋다.

⑪ 턱이라도 좋다.

⑫ 봉을 뒤로 미끄
러뜨려 하단(下
段)에 위치한다.

A
⑬ 변진(変進), Ⓑ
의 머리 위에서
부터 봉으로 쳐
내린다.

B
대파(大波). 배
당기기.

C
소파(小波). 배
당기기.

⑭ 하단(下段)에 봉
을 내려 준비
자세를 취한다.

● 학(鶴)의 일족(一足)

A

① 천지인(天地人)의 준비 자세

B

A

② 오른발을 일보 전진하는 것과 함께, Ⓑ의 발등을 쳐넣는 것과 동시에, 지상에 봉신(棒身)을 댄다. 이 때 Ⓐ의 왼손은 봉에서 떨어져 있다. 잠입하는 형(型).

B

Ⓑ의 왼발 발등에 봉을 누른다. 천안(天眼)을 살리는 것.

③ 오른손이 봉을 계속 잡고 있으면 손가락을 다치므로, 봉에 손가락을 펴 누르는 형이 되도록 한다 (위의 사진의 크로즈업이다).

④ 반 정도 앉아서 오른
손으로 봉을 누르는 형
에서, 오른손으로 봉을
당기면서 왼손으로 봉
끝을 잡는다.

⑤ 잠입하는 형에서 몸을
띄워 한바퀴 돌고, Ⓑ
의 양발을 Ⓐ의 왼쪽
에서 가로베기로 흘리
면서,

⑥ 몸을 계속 변화시키면
서, 왼쪽 봉 꼬리를 펴
고, Ⓑ의 오른쪽 옆
면을 친다.

A

⑦ 체변(体変). 오른쪽 봉 끝으로 Ⓑ의 천두(天頭)를 친다.

B

Ⓐ는 Ⓐ의 오른쪽 주먹으로 Ⓑ의 천두(天頭) 쳐넣는 골법(骨法)을 실시한다. 이것은 비전(秘伝)이다.

⑧ 몸을 그대로 상하로 변화시키면서,

⑨ Ⓑ의 왼쪽 옆면을 친
   다.

⑩ 왼손에 잡은 봉을 손
   에서 떼어 놓으면서,

⑪ 반 정도 돌리고, 왼손
   으로 다시 봉을 잡아,

A

⑫ Ⓑ의 왼발을 가로 벤다.

B

찔러넣는다. 봉으로 찔러넣는다. 기보다는 몸으로 누른다. 즉, 몸으로 찌르기이다.

⑬ 오른발을 당기면서, 천지인(天地人)으로 준비 자세를 취한다.

117

●리일족(裏一足)

① 하단(下段)의 준비 자세
를 취한다. '표리일체
(表裏一体)'라는 말이
있듯이 '裏'를 '리'로
읽는다.

A

② Ⓐ는 오른발을 일보
전진하는 것과 함께 Ⓑ
의 왼쪽을 가로벤다.

B

상대의 검과 봉을 비
교하는 것처럼 눌러치
고 있다.

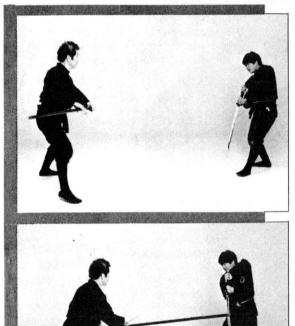

③ Ⓐ는 왼손을 봉에서
    놓으면서,

④ 지봉(地棒) (지면에 가
    깝게 봉을 평평하게 두
    는 것)을 내가 몸의 왼
    쪽에 흔들고,

⑤ 봉을 왼손에 들고, 오
    른손으로 봉 아래를
    잡으면서,

119

⑥ 왼발을 일보 전진. Ⓑ
  의 오른쪽 옷자락 부
  분을 가로벤다.

⑦ 몸을 봉과 함께 뒷쪽
  으로 운체(雲体)로 준
  비 자세를 취한다.

⑧ 오른손에 둔 봉을 위로
  올려 흔들어내고,

⑨ 면(面)을 친다.

⑩ 오른손에 봉을 잡고,
   오른쪽 뒤로 당기면서
   허(虛).

A
⑪ 봉을 손 안에서 미끄
   러뜨리면서 하단(下段)
   준비 자세로 흔들고,
   Ⓑ의 왼쪽 옷자락을
   가로벤다.

B

왼쪽 옷자락 가로베기.

C

오른손의 봉 끝을 놓
는다. 허(虛).

D

부체변면(浮体変面)

이 부 ABCD의 동작을
몇번이고 반복하여 연
습하는 것이 바람직하
다.

⑫ 면(面)으로 간 곳에서,

⑬ 오른손의 봉을 당겨 하단
   (下段)의 준비 자세를 취
   하는 것이 아니라, 허(虚)
   로 흔든다.

⑭ 몸과 봉을 하나로 하여 흔
   들어 찌르기를 연습한다.

⑮ 찔러들어가며 좌우 천지
   변화(左右天地 変化). 구전
   (口伝).

● 옷자락 떨어뜨리기

A   B

① 중단(中段)
   준비　자세
   를 취한다.

② 찌르기 봉. 물　속에서
   헤엄치는듯한 봉.

③ 나무로 만든 칼의　역
   영(力泳)에 따라 왼손
   윗부분을 놓으면서,

124

④ 왼손으로 봉을 잡아간
다.

⑤ 상대의 왼쪽 몸을 친다.

⑥ 몸을 비틀어 젖히면서,

⑦ 몸을 흔들면서 상대의
머리를 친다. 오른발로
Ⓑ의 양손을 차넣는 경
우도 있다.

⑧ 오른손의 봉을 오른쪽
옆으로 젖히면서 왼손
을 놓고, 체술(体術) 하
단의 준비 자세를 취
한다.

⑨ 오른발을 일보 전진하
면서 왼발을 가로벤다.

● 안쪽 옷자락 떨어뜨리기

① 중단(中段) 준비 자세.

② 찌른다. 왼손 손바닥으로 키를 잡는 것처럼.

③ 봉 뒷쪽으로 당기 듯이 하여 오른발 을 일보 전진하면 서, ⑧의 왼쪽 옷 자락을 가로벤다.

④ 왼손을 놓으면서 오른손의 봉아랫쪽을 Ⓐ의 왼쪽 측면에 추와 같이 흔들고,

⑤ 봉이 흔들렸으면,왼손을 봉을 잡고있는 오른손보다 윗쪽에 두고, Ⓑ의오른쪽 옷자락을 공격한다.

⑥ Ⓑ의 오른쪽 옷자락 공격이 빗나가면, 상대 검을 올리고, 왼쪽손의 변화와 함께 이변(詒變)의 준비 자세를 취한다.

⑦ 왼손을 놓으면서 봉을 오른쪽 방향으로 추 운동시키면서,

⑧ 오른손은 봉 잡은 손의 위를 잡으면서, ⑧의 왼쪽 또는 오른쪽 옷자락을 공격한다.

⑨ 또, 변화(変化) 안면 치기. 왼발로 ⑧의 오른발을 걸어 무너뜨린다.

A

⑩ 봉을 배를 향해 찔러
쓰러뜨린다.

B

휘감아 잡기.

C

휘감아 쓰러뜨리기.

⑪ 봉을 오른손으로 잡
고, 손 아랫 부분을
이용하여 잡고,
⑫ 오른쪽 옷자락을 공
격한다.
⑬ 오른쪽 뒷쪽으로 오
른손에 든 봉을 당겨
올리면서,
⑭ 오른손을 놓고,
⑮ 안면 치기 공격을 실
시한다. 이때 오른손
에 봉을 잡고 있다.
⑯ 그대로 몸을 내찌른다.

● 한그루의 삼나무

① 천지인(天地人)의 준
   비 자세를 취한다.

② 봉을 땅에 쳐내리듯
   이 하여, 적의 발등
   을 쳐내린다 (오른발
   을 일보 전진할 것).

③ 이 때 왼손을 놓고,
   오른손을 봉의 몸통
   에서부터 누른다.

④ 오른발을 1보 당기
면서 봉도 당기듯이
잡고,

⑤ 왼손은 앞쪽 봉두(棒
頭)쪽을 잡으면서 체
변(体変). ⑧의 왼발
가로베기.

⑥ ⑧가 앞으로 쓰러지
면서 공격할 때, 왼쪽
봉에 칼의 손잡이를
걸거나 또는,

⑦ 왼손에 든 봉을 당기
  듯이 하여 올리면서
  안쪽 몸통을 친다.

⑧ 몸을 변화시키면서 ⑧
  를 감시한다. 서로 노
  려본다.

⑨ 왼손을 계속 변화하
  면서 몸을 움직인다.
  면(面) 누르기.

⑩ ⒝가 자르려 들어온
다. ⒜는 공중으로
뛰어오르며, ⒝의 천
두(天頭)를 친다.

⑪ 또는 양발을 띄워 올
린다. 이 때 ⒝의 칼
을 쳐떨어뜨려 누르
면서 잡는 경우도 있
다.

⑫ ⒝가 붙어 들어오는
것을, 칼을 누른다.
머리를 친다.

A
⑬ 오른쪽 소수(小手) 치
기

B
Ⓐ의 몸이 Ⓑ몸에 입
신(入身), Ⓑ의 왼
발을 몸으로 꺾는다.

C
권타(拳打). ⑫보다 Ⓐ
의 오른쪽 봉에서 Ⓐ
의 오른쪽 주먹으로
Ⓑ의 얼굴을 친다.

⑭ 소수(小手) 치기, 변
화(変化).

⑮ 발 치기, 변화(変化).
재빨리 여러가지로 변
화를 준다.

● 폭포 떨어뜨리기

① 중단 (中段)의 준비 자
　세.

② 봉을 찔러낸 다음, 그
　다음 동작으로　변화
　시킬 수 있는 박자를
　잡아, 찌르기　연습을
　실시한다.

③ 오른손을 놓는다.

④ Ⓐ몸의 왼쪽에 왼손
   으로 봉을 회전시키
   면서,

⑤ 회전을 계속하면서
   왼쪽 소수(小手)로 젖
   힌다.

⑥ 오른쪽 어깨쪽으로 봉
   을 내고,

⑦ 오른손에 봉을 들고 (이 항은 구전 (口伝)에 의하는 것이 많은 부분이다),

⑧ ⑧의 왼쪽 옆면을 친다.

⑨ 오른손에 봉을 들고,

⑩ 소수(小手)를 돌리면서,

⑪

⑫ 왼쪽 어깨에 봉을 내고,

A

⑬ ⑧의 오른쪽 옆을 쳐넣고, 오른손으로 봉을 되돌린다.

ⓑ가 공격해 들어오
는 틈을 잡는다.

C

발 기술, 몸 기술,
준비 자세의 변화.

D

기(気)를 보고 ⓑ
의 오른쪽 옆치기
를 한다.

140

A ⑬의 변화, 비조
(飛鳥)로 들어간다.

B 무도(無刀) 잡기.

⑭ 왼손을 봉에서 놓
는다. 이것은 그다
지 크게 놓는 것이
아니며, 몸에 봉이
붙어있게 된다. 여
기에서, 오른쪽으
로 날리는듯한 동
작을 실시한다.

A
⑮ Ⓑ의 왼쪽 옆면을 쳐
들어간다.

B
칼 잡기. 구전(口伝)
에 있다.

142

● 허공(虛空)

A
① 의 중단 준비 자세에
서부터 내찌른다.

B
ⓑ 의 오른쪽에서 왼쪽
으로 쳐올린다.

② 찔러들어오도록 유혹
한다. 유기(誘技)의
준비 자세.

③ Ⓐ는 오른발을 당기
고, 왼손으로 봉을 높
게 하고, 오른쪽 팔꿈
치는 구부리고, 앞 가
슴 부분에 봉을 얹듯
이 하여 받는다.

④ 왼발을 크게 당기면
서, 왼손에 든 봉끝
을 머리 위로 오른쪽
으로 돌리고, 왼손을
놓는다.

⑤ Ⓑ의 왼쪽 몸통에 공
격을 가한다.

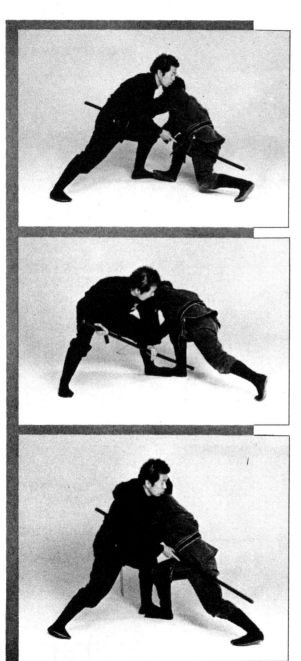

A

⑥ 그 몸 그대로 Ⓑ의 왼
　발을 가로베어　넣는
　다.

B

Ⓑ의 오른발 잡기.

C

Ⓑ의 몸과　오른발을
걸어간다.

D
Ⓐ는 왼쪽 팔꿈치로
Ⓑ의 손을 꺾는다.

E
Ⓐ는 Ⓑ의 칼을 오른
쪽 무릎, 왼발로 잡는
다. 꺾는다.

F
오른발로 찬다. 몸을
흔든다. 봉으로 비조,
(飛鳥) 쓰러뜨리기를
실시한다. 구전(口伝).

● 삿갓의 안

① 노려보며 준비 자세를 취한다.

② 오른발을 일보.내딛고, 청안(青眼)으로 준비 자세를 취한다.

③ 청안(青眼). 석장(錫杖)의 음허(音虛).

147

④ 오른손을 당기는 것처럼 하여 왼손의 봉끝을 앞쪽으로,

⑤ 편한대로 오른쪽, 왼쪽 손의 밸런스를 유지하며,

⑥ 상대의 왼쪽 몸통을 친다.

검을 받을 때는
단단히 검을 몸
옆의 팔을 지점
으로 하여 받는
자세를 취한다.

⑦ 왼발을 당기면서 몸의
방향을 바꾸면, 동행하는
봉도 왼쪽으로 향하는
몸과 함께 뜬다.

⑧ 왼발을 앞으로
전진하여 오른쪽
몸통을 친다.

⑨ 왼손을 앞쪽으로 당겨 올리면서, 오른손을 머리 위로 올리는 듯한 자세를 취한다.

⑩ 몸의 변화는 자연의 흐름에 따라 움직이며, 오른손에 있는 봉끝은 반원을 그리면서 지상에서부터,

⑪ 상대의 하단(下段)을 향하여 올린다.

⑫ 쳐올리기가 맞지 않았
  으면, 몸을 내리고 찌
  르기로 변화(変化).

⑬ 또는 소수(小手)가 하
  단(下段)을 벗어나도
  록 하면서 들어올린
  다.

A

⑭ 또는 턱을 쳐올린다.

B
맞지 않으면 찌른다.
강하게 찌르는 것이
아니고, 톡 찌른다.

⑮ 당황하는 상대를 손 또
는 몸에 봉을 걸어, 몸
의 힘을 이용하여 던
지고,

⑯ 상대를 던져날려 쓰러
뜨린다. 잔심 (殘心).

● 태도락(太刀落)

① 일문자(一文字)의
   준비 자세를 취한다.

② ⒝는 태도(太刀)
   로 찌르며 공격해
   들어온다.

③ 왼손을 꺾고, 오른
   손을 높이 올린 수
   신형(受身型)을 취
   한다.

A

④ Ⓐ는 왼발을 당기
면서,

B

검의 흐름에 거역
하지 않는다. 체변
(体変)을 계속하면
서 Ⓑ의 오른손 소
수(小手)에 건다.

C

내가 오른쪽 무릎
을 Ⓑ의 손에 당겨
넣고 조이는 경우
도 있다.

A

⑤ Ⓑ의　소수(小手)
를 봉을 잡은 오른
손으로 쳐서,　태도
(太刀)를 떨어뜨리
도록 만든다.

B

쳐꺾는다.

A

감아 잡는다.

B

감아 올리든가, 감
아 내리든가 어느
쪽이라도 좋다.

C

태도(太刀)를 날린
다. 감아잡는다.

D

칼을 날린다.

A

옆면을 치고, 목을
조여 꺾는다.

B

Ⓐ의 오른발을 잘
보도록 한다. 발끝
으로 Ⓑ의 왼발을
잡고 있다.

●가로베기

① 일문자(一文字)의
준비 자세를 취한
다.

A

② ⑧는 태도(太刀)를
치며 공격해 들어
온다. ④는 체변
(体変) 봉변(棒変).

B

칼이 봉에 닿거나
미끄러지는 순간.

158

③ 오른발로 원을 그
리듯이 하여, Ⓑ의
소수(小手)를 왼손
봉끝으로 쳐내린다.

④ 쳐서 맞지않았을 때
는 오른손 봉끝 쪽
으로 내리거나, Ⓑ
의 소수(小手)를 목
표로 한다. 일도(一
刀)를 목표로 한다.

⑤ 쳐올린다.

⑥ 왼손을 놓으면서,

⑦ 몸도 동행, 젖히는
봉을 왼손으로 잡
으면서, ⑧의 왼
발을 가로벤다. 이
가로베기는 몸의
나선의 움직임이나,
상하 움직임이 중
요하다. 구전(口伝).

● 소수부(小手附)

① 중단(中段) 준비 자세.

② 내찌른다.

③ 봉을 당긴다 (상대가 찌르며 공격해 들어올 때는 그대로 누른다). 또는 칼의 키를 잡는 골법(骨法)을 실시한다.

④ ⑧의 왼쪽 몸통 치
   기 (7단 (七段)으로).

⑤ 오른손을   흔들어
   당기듯이 하면서,
   왼손의 봉을 올린
   다.

⑥ 면(面) 부분을   쳐
   들어간다.

162

⑦ 몸을 당기고 오른
쪽 봉을 당긴다. 박
자 있게.

⑧ 소수(小手) 쳐올린
다.

A

⑨ 왼쪽 봉끝을 소수
(小手)안쪽으로 넣
고, 오른발에 입신
(入身), 오른발의 무
릎을 잡는다. 오른
쪽 소수(小手) 반
대 잡기.

163

B

ⓑ 의 왼쪽 팔꿈치와 급
소를 잡아 칼을 잡는다.

C

ⓑ의 왼발을 ⓐ의 오
른발로 잡고, 공간 잡
기를 실시한다.

● 향힐(向詰) (1)

① 흉변(詗変)의 준비
  자세.

② 창 화살의 준비 자
  세(흉변(詗変)의 준
  비 자세와 같은데,
  글자에 의한 뉘앙
  스에 의해 봉심(棒
  心)을 깨달으려는
  의지가 깃들여 있
  음을 알아두면 된
  다).

③ 오른손 봉을 쳐올
  리면서, 왼손에 봉
  을 한손으로 쥔다.

④ 오른발을 전진시키고, 오른손 봉을 잡고 오른쪽에서 면부(面部)로 쳐넣는다. 왼발을 1보 당기면서,

⑤ 흉변(胸變)의 왼쪽 준비 자세를 취한다.

⑥ 왼손의 봉을 올리면서, 오른손 한손 그대로 ⑧의 면부(面部)를 쳐넣는다.

⑦ 그대로 몸을 뒷쪽
　으로 당기고,

⑧ 착지와 동시에, 왼
　손으로 봉두(棒頭)
　를 잡으면서,

⑨ 왼발을 당겨 창 화
　살의 준비 자세를
　취한다.
　왼발을　 당기면서
　대변(大変). 오른손
　을 올리면서,

⑩ 봉을 오른손 위에
서 잡아 봉과 몸을
하나로 하여 면부
(面部)를 쳐부순다.

A
⑪ Ⓐ 오른손 봉을 흔
들 때는, 왼쪽 몸
을 봉으로 친다기
보다는, 몸으로 친
다는 의지로 실시한
다.

B
Ⓐ는 왼손 봉 흔들
기, 오른손으로 봉
흔들기를 자유로이
번갈아 실시할 수
있도록 연마할 것.

168

⑫ ⒝의 왼발 쳐부수기(발은 기듯이 친다). 그대로 오른발로 칼을 잡는다.

⑬ 이 이후, 변화하여 눌러부순다.

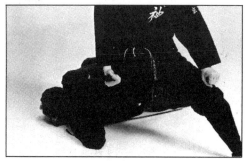

무릎의 변화로 꽉 부순다.

봉은 호랑이의 꼬리와도 같이 ⒝의 움직임을 알고, 이를 저지한다.

● 향힐 (向詰) (2)

① 흉변(訟変)의 준비 자세를 취한다. 봉은 몇번이나 말했듯이, 강하게 잡아서는 안된다. 몸도, 봉도 자유로이 움직일 수 있는 체세(体勢). 이것을 터득하도록, 몸에 익히도록 해야한다.

② 창, 화살의 준비 자세라고도 하며, 날아오는 화살을 피하는 준비 자세라고도 한다.

③ 찌르기에 대한 경우. 이것을 응용한다.

④ 흉변(訩変)
   의 준비 자
   세

⑤ 오른발을 일보 전
   진시키면서 오른
   손 손끝의 봉을
   올리고, 흔들어
   봉을 한쪽 손으로
   가져간다.

⑥ 봉술은 봉과 몸의 밸런
   스를 유지하는 것이 중
   요하다.
     전후좌후로 자유로이
   변화할 수 있도록 공간
   에서의 준비 자세를 잘
   취하여야 한다.

⑦ 상대의 검을 봉으로 가로벤다. 입신(入身)에 주의할 것. 그러므로 왼손은 봉의 키를 잡는 것처럼 가볍게 붙이는 정도로 잡는 것이 좋다.

⑧ 힘있게 몸으로 쳐들어가면, 상대는 주저앉으면서 받게 된다.

⑨ 오른손에 봉을 들고, 왼손 윗부분으로 올려, 쫓아찌르기를 한다.

⑩ 오른쪽 흉변(凶変)
의 봉.

⑪ 봉을 젖혀 훼인트를 걸
어간다.

⑫ 발은 봉을 사용하여 잡
는다.

173

⑬ 갑자기 물러나서 왼쪽
　준비 자세를 취한다.

⑭ 오른쪽 창 화살 준
　비 자세에서　왼손
　을 놓는다.

⑮ 봉을 올리면서　쳐
　들어가고,

174

⑯ 자유로이 뛴다.

⑰ 잔심(殘心)의 준비
   자세.

● 차올리기

① 향힐(向詰) 때
   처럼 올리고,면
   부(面部)를 친
   다음, 봉 끝쪽
   을 오른손으로
   잡는다.

② 왼쪽을 향하여
   몸을 변화시킨
   다.

③ 왼손은 봉을 놓
   고, 봉을 올리
   고,

④ Ⓐ의 몸 앞에서 봉을 오른손을 지점으로 젖히면서, 왼손으로 봉을
잡는다.

⑤ 몸과 봉을 일치시켜 Ⓑ의 왼쪽 몸통을 친다. 오른쪽 손끝으로 친다
고 하기 보다 Ⓐ의 왼손을 당겨 친다는 리(利)를 깨닫기 바란다.

A

⑥ 몸에 가로베어 찌르기로 변화.
봉으로는 찌르지 않는다.

B

⑧의 왼쪽 윗팔을 계속누르면서 체변(体変). ⑧의 왼쪽 어깨 급소를 찔러넣고,

C

찔러 쓰러뜨린다.봉으로 쓰러지지 않을 때는 차서 쓰러뜨린다.

● 격류 (撃留)

① 왼쪽 청안(靑眼)의
준비 자세를 취한
다. 왼손에 든 봉
쪽을 앞으로 한다.

② 찌르기

③ 발을 변화시키지 말
고 그대로, 오른손
의 봉 끝으로 Ⓑ
의 왼쪽 옆면을 치
는 경우도 있다. 우
선 오른발을 일보
전진하여 쳐넣는다.

179

④ 왼발을 내딛고, 오른손을 아래로 떨어뜨리듯이 하면서,

⑤ 왼쪽 옆구리에서 봉을 되돌려 왼손으로 잡으면서, 봉 돌리기를 1번 한다.

⑥ 왼쪽으로 찔러간다.

⑦ 왼손의 봉 아래를 누르듯이 하여, 오른손으로 봉을 잡은 그대로, Ⓐ의 몸 앞쪽 면으로 젖히고, 봉을 잡은 왼손부터 놓는다.

⑧ 왼손에 되돌리는 봉을 왼쪽 옆구리에서 잡으면서,

⑨ Ⓑ의 왼쪽 몸통을 친다.

⑩ 오른쪽 청안(靑眼)으로 되돌린다.

A

⑪ 이 때 ⑨의 동작은 몸통만이 아니라, 소수(小手) 가로베기, 발 가로베기 등으로 변화하여 치는 연습을 하도록 한다.

B

양손 올려 체변(体変).

양손 치기로 ⑧의 오른쪽 소수(小手)를 걸어쳐 떨어뜨린다.

● 부입 (附入)

① 오른쪽 청안 (靑眼)
  의 준비 자세를 취
  한다.

A

② 그대로 찔러간다.

B

변화하여 ⑧의 왼
쪽 소수 (小手)에 부
입 (附入) 한다.

A
③ 오른손을 몸의 앞
   면으로 크게 돌려,

B
한바퀴 돌린다. 구
전(口伝).

④ ⑧의 오른쪽 몸통
   치기.

⑤ 양손으로 봉을 박
자로 잡으면서 띄
워 흔들면서,

A

⑥ 오른손 봉부터 놓
고, 봉을 반전(反
転)시켜 오른손으
로 다시 잡아, Ⓑ
의 오른손 위로 찌
르는듯한 기분으로
실시한다.

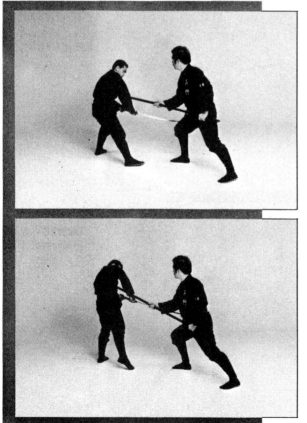

B

그대로 흘려 찔러
넣는다.

185

● 오륜쇄(五輪碎)

① 긴 뱀의 준비 자
세를 취한다. 왼
쪽 흉변(詾変)의
준비 자세라고도
한다.

A

② 봉을 흔들어 내
고,

B

봉을 뱀이 움직
이는 것처럼 한
다. 몸도 뱀이 행
동하듯이 움직인
다.

C
뱀 머리

D
뱀의 머리와 목을
흔드는 듯한 준비자
세를 취한다.

③ ⑧의 왼쪽 몸통을
   이 자세에서 치고,
   왼쪽 봉을 흔든 다
   음,

A
④ 오른쪽으로 봉
을 흔들고 봉을
돌리면서 친다.
이것을 몇번이
고 반복하여 연
습하는 것이 바
람직하다.

B
봉 흔들기.

C
사행(蛇行) 흔
들기. 전체를 잘
보아주기 바란
다.

D
밤 머리를 높게.

E
날으는 뱀, 날으는
용 치기로 몸통을
친다.

● 천지인(天地人)

① 오른쪽 천지인(天
地人)의 준비 자세
를 취한다.

② 오른쪽 옆에 원을
그리듯이 봉을 돌
리고,

③ 하단은 쳐올리면서,

190

④ 몸을 낮추어 찔러
   간다. 뛰어찌르기
   가 된다.

⑤ 봉체(棒体)의 왼쪽
   끝부분을 상대의
   오른쪽 머리 부분
   에 대고 친다.

⑥ 오른발을 전진하면
   서 몸과 함께 봉을
   낮추고, 쳐서 상대
   의 왼발을 꺾어간
   다.

⑦ 상대의 기가 꺾이면 봉끝으로 상대의 팔 또는 턱을 걸어 몸을 띄운다.

⑧ 몸과 봉을 내찔러 상대를 날려 보낸다.

● 전광 (前広)

① 중단(中段)의 준비 자세를 취한다. 내 키는대로 해도 좋다.

② 오른발을 1보 전 진하는 것과 동시에 오른손의 봉을 앞 쪽으로 뻗으면서, ⑧의 왼쪽 몸통에 넣는다.

③ 왼손의 봉을 놓고, 발은 그대로 두고 몸을 펴는 것에 따라,

④ Ⓑ의 면부(面部)로
던지듯이 찔러 넣는
다.
몸은 박자를 탄다.
왼손은 벌리고 봉
끝부분을가볍게 누
른다.

⑤ 오른손 봉을 오른
쪽 몸에 구름이 움
직이듯이 하여, 봉
을 가져오면서,

⑥ 봉을 한그루의 삼
나무처럼 세우고,
한발 뛰어 물러난
다.

⑦ 한 그루의 삼나무가
   바람을 받듯이 봉
   을 잡고 서서, 기회
   를 본다.

A

⑧ 왼손에 든 봉을 놓
   으면서, ⓑ의 발
   근처에 엎드려,

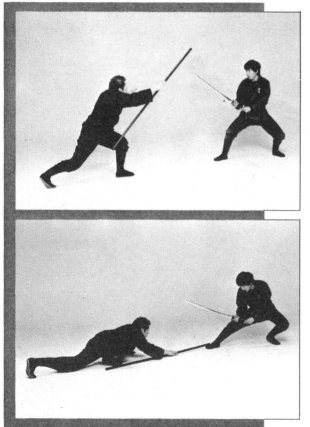

B

엎드려 있는 용같은
자세를 취한다.

⑨ 오른발을 구부리고,
   왼손에 봉을 잡고,

⑩ 앉은 자세를 변화
   시켜 쫓아찌르기를
   실시한다.

⑪ 기다렸다 찌르기.

⑫·재치있게 찌른다. 이것은· 앉은 자세에서 발을 재치있게 움직여
찌른다.

⑬ 일도(一刀) 잡기.

● 양소수(両小手)

① 중단(中段) 준비 자
세.

② 왼발을 당기면서 오
른손의 봉의 끝부
분 쪽으로 발목을
변화시킨다. 이것
은 비전(秘伝)이다.

③ ⓑ의 양손을 아래
에서부터 쳐올리고,

④ 왼손으로 잡은 봉 끝부분을 Ⓑ의 면에 쳐넣고, 이 때 발의 변화를 가한다.

⑤ 오른손 봉끝으로 Ⓑ의 하단(下段)을 쳐올리고,

⑥ 오른손의 봉을 머리 위로 되돌려,

⑦ 왼손 봉끝으로 Ⓑ의 하단(下段)을 쳐올린다.

● 포파(浦波)

① 흉변(訩変)의 준비
   자세를 취한다. 양
   손은 아래로 항하
   여 봉을 잡는다.

② 몸을 흔들면서 흉
   변(訩変)에서 봉을
   찔러간다.

③ 이 때 흉변(訩変)
   찌르기 준비 자세
   가 되어있다는 기
   분으로 공격한다.

A

④ 왼손의 봉을 당기
듯이 하고, 오른손
에 잡은 봉을 손바
닥 안에 흘리면서
역천지(逆天地)로
오른쪽 옆구리에 봉
을 세워,

B

Ⓐ의 오른발을 전
진한다. Ⓑ의 칼을
유혹한다.

⑤ 몸을 눌러쳐 Ⓑ의
면을 공격한다. 포
파(浦波)처럼.

⑥ Ⓑ의 머리 부분으
로 날리는 체변(体
変).

⑦ 몸과 봉을 함께 당
기고, 이때 몸은
오른쪽으로 향한다.

A

⑧ 찌르며 들어가다가.
상대가 봉을 위로
치면, 파도에 타듯
이.

B
봉을 옆으로 한다.

⑨ 왼손을 놓고, 오른
쪽 옆구리로 돌리
고,

⑩ 봉을 그것에 따라
오른쪽 옆에서 뒤
로 돌리고,

A
⑪ 면 치기. 허체(虚体).

B
면 치기. 허체(虚体).
허허(虚虚)로 나간
다.

⑫ 이하, 변화를 반복
한다.
⑬ 등 부분으로 돌린
봉도 멈추고,
⑭ 몸의 되돌리기로 오
른쪽 옆구리의 봉
을 손목, 몸의 박
자에 맞추면서 돌
리고, ⑮ ⑯ ⑰ ⑱
은 앞으로 돌아오는。
봉을 왼손으로 잡
고, ⑲ Ⓑ의 왼쪽
몸통을 쳐 제압한
다. 이 때 봉을 몸
의 박자에 의해 멈
추거나, 되돌리거
나 하는 연습을 하
면 좋다.
Ⓑ의 왼쪽 몸통을
친다.

●옥반(玉返)

① 흥변(訌変)의 준비
자세를 취한다.

② 봉체(棒体)를 평평
하게 손바닥에 두
고,비운(飛雲)즉 날
으는 구름처럼 찌
르는 방법도 좋고,
소수(小手)도 좋다.

③ 호수(弧手) 찌르기
(소수(小手)의 평
(平)).

④ 무릎 찌르기.

⑤ 면부(面部) 찌르기.

⑥ 흉변(詗変) 찌르기
에서 비운(飛雲)으
로 봉을 당긴다.

⑦ 운체(雲体)로 ⑧의
   왼쪽 몸통 치기.

⑧ 입신체(入身体)로
   왼손을 놓고 올리면
   서,

⑨ 가까운 거리에서
   찌른다. 운은(雲隱)
   찌르기라고도 한다.

⑩ 왼손을 앞쪽으로 흔들고, 봉을 오른쪽 옆으로 가져간다.

⑪ 왼손도 봉에 걸고, 체운(体雲)으로 왼발을 가로벤다. 누르기.

⑫ 오른손을 머리 위로 올려 한바퀴 돌린다.

⑬ 하단(下段)에 대고 누르기 옥반(玉返).

A

⑭ 몸에 마치 구름을 불듯이 불어올린다.

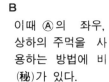

B

이때 Ⓐ의 좌우, 상하의 주먹을 사용하는 방법에 비 (秘)가 있다.

C

Ⓑ역량이 있으면, 오른손에 봉을 쥐고, 오른발 아래를 옥반하여 차넣고, 봉과 함께 찔러 넣는다.

A
⑮ 춤추기 형(型). 승신(勝身)의 춤추기 형이라고도 하는 만재(万才)의 준비 자세에서,

B
멈추고 친다.

C
멈추고 친다.

봉 빼기

● 목 빼기 (1)

① 네명에게 포위되어
   봉으로 목을 조이
   고 있다.

A

② 몸을 회전하면서,
   양 어깨를 목에 닿
   듯이 하여,

B
어깨와 목.

C
몸 돌리기.

A

③ 봉에서 빼다.

B

산도 (産道)

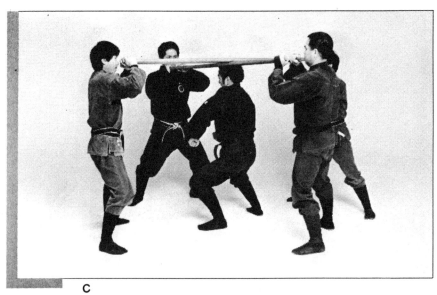

C

일기

A

④ 봉 대기. 빠지기. 부력(浮力)치기.

B
봉 준비 자세.

C
가로베기.

A

⑤ 하나의 봉을 잡아 체변(体変). 적의 몸을 무너뜨리고 찬다.

B

일전(一戦) (⑥ 봉을 잡아 상대를 던져 쓰러뜨린다).

① 봉으로 목을
   조이며, 네명
   이 잡고 있다.

A

② 머리, 어깨, 목의 허실(虛実).

B

몸과 팔의 밸런스를 가한다.

③ 봉을 띄워 뺀다. 낮춘다.

④ 부력(浮力)으로 친다.

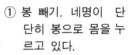

● 변경 (弁慶) 빼기

① 봉 빼기. 네명이 단
단히 봉으로 몸을 누
르고 있다.

② 봉을 양손으로 잡든
가 또는 손목으로 지
탱하고, 발목은 팔자
(八字)형을 취하고,

③ 단숨에 기(気)를 모아 봉을 뺀다.

④ 봉이 단숨에 빠지지 않을 때, 몸을 춤추듯이 하여 봉을 뺀다.

⑤ 체변(体変)과 함께 봉과 몸으로 상대를 각각 누른다.

⑥ 목을 조여 자유로이
  뺀다.

⑦ 상대의 머리를 부술
  때는 봉으로 치는 것
  보다,

⑧ 발을 흔들어,

222

⑨ 쓰러진 상태에서 적
을 공격한다.

⑩ 손 흔들기만이 아니
라,

⑪ 몸 흔들기에서 나오
는 강풍으로 불어 쓰
러뜨린다.

太乙出版社에서 펴낸 좋은책

*좋은책은 늘 우리 곁에서 인생을 보람있게 가꾸어갈 수 있도록 도와줍니다.

현대 레저 시리즈

현대 요가 미용건강
현대 골프 가이드
현대 태권도 교본
현대 복싱 교본
현대 검도 교본
현대 신체조 교본
현대 소림권 교본
현대 태극권 교본
현대 펜싱 교본
현대 즐거운 에어로빅 레슨
현대 볼링 교본
현대 즐거운 디스코 스텝
현대 브레이크 댄스
현대 유성헬스 교본
현대 유도교본
현대 당구교본
현대 카메라 교본
현대 지압마사지법
현대 단전호흡법
현대 수영교본
현대 궁후교본
현대 창술입문
현대 봉술입문
현대 피겨스케이트 교본
현대 스키입문
현대 탁구 교본
현대 등산 교본
현대 호신술 교본

현대 즐거운 재즈댄스
현대 레슬링 교본
현대 테니스 교본
현대 양궁 교본
현대 낚시 교본
현대 합기도 교본
현대 사교댄스 교본
현대 사격 교본
현대 배드민턴 교본
현대 레크레이션 교본
현대 즐거운 해외여행
현대 비디오 가이드
현대 즐거운 오락게임
정통 골프
정통 등산
정통 볼링
정통 민물낚시
정통 바다낚시
정통 실내 레크레이션
정통 실외 레크레이션
정통 카메라
정통 비디오
현대 장기비결
정통 트럼프
정통 검도
정통 당구
정통 테니스
정통 수영
정통 배드민턴

판 권
본 사
소 유

현대 봉술교본

2018년 12월 20일 인쇄
2018년 12월 30일 발행

지은이 | 현대레저연구회
펴낸이 | 최 원 준

펴낸곳 | 태 을 출 판 사
서울특별시 중구 다산로38길 59(동아빌딩내)
등 록 | 1973. 1. 10(제1-10호)

ⓒ2009. TAE-EUL publishing Co.,printed in Korea
※잘못된 책은 구입하신 곳에서 교환해 드립니다.

■ **주문 및 연락처**
우편번호 0 4 5 8 4
서울특별시 중구 다산로38길 59 (동아빌딩내)
전화 : (02)2237-5577 팩스 : (02)2233-6166

ISBN 978-89-493-0546-2   13690